# जन्नत को समर्पित

रिम्पी चौबे

Made with ♥ on the Notion Press Platform
www.notionpress.com

कहते है दुनिया में अगर कही जन्नत है तो वो माता-पिता के चरणों में है! भगवान को किसी ने देखा नही,सिर्फ सुना है! माता-पिता हमारे भगवान ही होते है, क्यूँकि हमें ये खूबसूरत संसार उन्हीं ने दिया है! हमारे जीवन का आरम्भ है वही! उनके बिना हम कुछ नही! हमारी हर सफलता उनकी देन है! यही वो रिश्ता है जो वक़्त के साथ गहरा होता जाता है!!

ये पुस्तक मैं मेरे जीवनदाता,मेरी जन्नत,मेरी काबिलियत की कुंजी,मेरे भगवान,मेरे माता-पिता को समर्पित करती हूँ! मेरे लिए उनसे विशेष कुछ नही!

# क्रम-सूची

# भूमिका

"जन्नत को समर्पित" के नाम से अपनी कविताओं का संग्रह हिंदी जगत के समक्ष रखते हुए मुझे अत्यधिक प्रसन्नता का अनुभव हो रहा है! क्यूँकि ये महज कविताएँ नही है, ये प्रेम है,श्रद्धा है, समर्पण है अपने माता के प्रति! हम जीवन में सभी कुछ स्वीकार कर लेते है, लेकिन माता-पिता के प्रति अपनी भावनायों को हमेशा ही व्यक्त करने मे कतराते है! मेरी ये कविताएँ मेरे अंतर्मन में भरे हुए उस अगाध प्रेम को व्यक्त करेंगे जो मुझे अपने माता-पिता से है! जो में उनसे कभी शायद कह नही पाई!

अतः अंतर्मन में उपजे जज्बातों को मैंने कविताओं के माध्यम से प्रस्तुत किया है! माता-पिता का ही आशीर्वाद है कि मैं आज इस काबिल हूँ!

प्रिय पाठकों,मुझे उम्मीद है आपको मेरे द्वारा रचित कविताएँ प्रफुल्लित करेंगी और पसंद आएगी! इसी आशा से ये पुस्तक मैं आपके समक्ष प्रस्तुत करती हूँ!

24 नवम्बर 2022 -रिम्पीचौबे

भरतपुर

# 1. मेरी दुनिया मेरी माँ

जमाने में जो नूर है मेरी माँ,
वो तेरी ही ममता का विस्तार है!
तेरे प्रेम से जग का गुलशन खिले,
सांस जिससे चले वो तेरा प्यार है!!
तूने सींचा लहू,जन्म मुझको दिया!
मेरा होना तो माँ,तेरा एहसान है!
तेरे आंचल के साए में पाया जहां,
तेरे होने से पाई,ये पहचान है!!
तू जो मुस्काये तो,सुबह खिलने लगे!
तेरे गम से माँ मेरी,शाम ढलने लगे!
तेरी करुणा से दुनिया का पहिया चले,
तेरे चरणों में जीवन ये कुर्बान है!!
हर खुशी दे हमे,दर्द खुद तू सहे!
मेरे रोने पे माँ,तेरा आँसू बहे!
रब को भेजा है माँ,रूप देकर तेरा,
तू जो है तो मैं समझू,रब मेहरबान है!!

# 2. मेरी माँ

मेरा वजूद, मुझे दुनिया में लाने की वजह!
मेरी मुस्कराहट पर सब कुछ लुटाने वाली!
मेरा सबसे अच्छा दोस्त।
मेरे लिए,सही और गलत का पाठ पढ़ाने वाला पहला शिक्षक।
जिसके साये में मैंने,
इस दुनिया को देखा,जाना और समझा है।
जो पूजा के योग्य है।
जो भगवान का रूप है।
वो है मेरी खूबसूरत दुनिया,
मेरी मां ||

# 3. माँ ही मेरा रब

माँ के आंचल में जो,थककर लेट गया मैं!
पलभर में मिलने वाला,
सुकून ही गजब था!
जिस जन्नत की तलाश में,
मैंने समय गँवाया अपना,
वो सामने थी मेरे,
जिसमें समाया सब था!
मैं रब की तलाश में,
मंदिर मस्जिद भटक रहा था,
जब एहसास हुआ तो पाया,
माँ ही मेरा रब था!

# 4. मेरे एहसास के किस्से

मेरे होने की खबर से,उन्हें एक नया जीवन मिल गया!

गम भूल गए सारे,उदास चेहरा खिल गया!

मेरे आने के स्वागत में,दोनों पलकें बिछाये थे!

मेरे एहसास के ये किस्से,माँ-पापा ने सुनाए है!!

मेरे होने पे क्या होगा,मेरे रोने पे क्या होगा!

जब ये मुस्कुराएगी,मेरे मुस्कुराने पे क्या होगा!

मेरे होने से पहले ही,कई सपने सजाये है!

मेरे एहसास के ये किस्से,मेरे माँ-पापा ने सुनाए है!!

मेरे सुनहरे भविष्य के लिए,वो दिन-रात एक करते थे!

मेरे होने पर मुझे गम ना हो,इसलिए खुद से लड़ते थे!

जब गूंजी थी मेरी किलकारी तो सुकूँ से मुस्कुराये है!

मेरे एहसास के ये किस्से,मेरे माँ-पापा ने सुनाए है!!

पिता के गोद पर गुजरी मेरी बचपन की अठखेली!

माँ के आंचल में सीखी है मैनें अपनी प्रथम बोली!

मेरे बचपन से यौवन तक,मुझे ही जीते आए है!

मेरे एहसास के ये किस्से,मेरे माँ-पापा ने सुनाए है!!

# 5. माँ तुम मुझको बोलो ना

माँ तुम मुझको बोलो ना!
रोटी कैसे गोल है होती?
चाँद पे कौनसी अम्मा सोती?
तितली क्यूँ रंग बिरंगी होती?
जीवन में आती क्यूँ पनौती?
माँ तुम मुझको बोलो ना!
आसमान ये नीला क्यूँ है?
धरती का आंचल गीला क्यूँ है?
मंदिर-मस्जिद की लीला क्यूँ है?
भैया का स्क्रू ढीला क्यूँ है?
माँ तुम मुझको बोलो ना!
चाँद-सितारे साथ में क्यूँ है?
आसमान को प्यारे क्यूँ है?
सूरज में इतनी गर्मी क्यूँ है?
नदियों में हुल्लारे क्यूँ है?

# 6. बाबा तुम पर गर्व है मुझको

हां मैं कह देती हूँ कभी-कभी,
क्या किया है आपने हमारे लिए!
लेकिन जो आपने किया,
वो कहाँ किसी और ने किया!
जन्म,नाम,पहचान दी मुझको!
बाबा तुम पर गर्व है मुझको!!
जब भी मुझको गुस्सा आया,
मैंने बस गुस्सा ही दिखाया!
आप मुस्कुराकर सह लेते,
हर गलती पर लाड़ लड़ाया!
प्रेम की अपनी छत दी मुझको!
बाबा तुम पर गर्व है मुझको!!
हर ख्वाहिश मेरी पूरी की
गलती पर भी ना दूरी की
मेरी हर एक जिद की खातिर,
ना चाहकर भी मंजूरी दी!
बेटे की तरह सिर चढ़ाया मुझको!
बाबा तुम पर गर्व है मुझको!!

# 7. मैंने कभी कहा नही

मैंने कभी कहा नही,लेकिन
पापा आप हिम्मत हो मेरी!!,
जब भी कोई गलती होती,
आपकी डांट समाधान है मेरी!!
मैं कभी ये बोल ना पाया,लेकिन
आप ही तो दौलत हो मेरी!
जब जीवन में उलझन आई,
आप ही बने ताकत हो मेरी!!
मैंने कभी बताया नही,लेकिन
आप ही से अनुशाषित है जिंदगी मेरी!
वरना जीवन है कटी पतंग सा,
आप ही तो जीवन की डोर हो मेरी!!

# 8. जन्नत का दरवाजा

आपकी ऊँगली को जब थामा,
दुनिया को मुट्ठी मे पाया मैंने!
आपके स्नेह के साये में,
हर डर को जीत पाया मैंने!!
मैं कुछ भी नही थी इस दुनिया मे,
ना मेरे पास था कुछ भी यहाँ!
मगर जो आपको पाया,
ना कुछ भी और पाना है!!
आपको जन्नत का दरवाजा,
अगर कहदूँ तो भी कम है!
पिता का प्रेम सीढ़ी है,
जिससे जन्नत (माँ) को पाया मैंने!!

# 9. मैं तेरा खोटा सिक्का

जिसने अपने दिन-रात मेरे लिए एक कर दिये!

एक पल भी जो ना बैठा,मेरे सुनहरे भविष्य के लिए!

मेरी सोच में जिसके माथे की,कभी सिकुड़न नही गई!

जिंदगी भर ना मैं वो कर पाऊंगी बापू,जो तुमने किया मेरे लिए!!

ऐसा नही मैं सोचती नही,कभी तुमसे ये बस बोलती नही!

सब जानती हूँ जो किया तुमने,मैं स्नेह को तेरे तोलती नही!

मैं नही चुका सकती जिंदगी भर,एहसान तेरा इतना मुझपे है!

हम तो तेरी आँखों के वो मोती है,जिसके आगे कुछ भी तुमको

कीमती नही!!

मैं तेरा वो खोटा सिक्का बापू,जो अनमोल तुम्हें हीरे जैसा!

जिसने नाज उठाये मेरे परियों से, और लाड़ लड़ाया बेटे जैसा!

अब मेरी बारी आने पर मैं,कैसे ना वो तेरे सपने लौटाऊ...

जो मेरी ख्वाइश पूरी करने में,तुम्हारे लिए हुआ मिट्टी जैसा!!

# 10. स्वर्ग-नर्क

एक बार पूछा किसी ने मुझसे,

ये स्वर्ग भला कौनसी बला है,और कैसा होता है??

मैं मुस्कुराया धीरे से और बोला,

बिल्कुल घर में मुस्कुराते हुए माँ-बाप जैसा होता है!!

वो बोला सुना है वहाँ सब सुख मिलते है,

पतझड़ में भी फूल खिलते है,ऐसा भला कैसे होता है??

मैं बोला माँ-बाप के चरणों में बैठ,सब सुख मिल जाएगा!

और वहाँ पतझड़ में भी फूल खिलता है,

जहाँ माँ-बाप को ना कोई गम होता है!!

वो फिर जिज्ञासा से बोला,फिर नर्क क्या हैं??

इसमें और स्वर्ग में अंतर क्या है??

मैं थोड़ा-सा फिर मुस्कुराया

और उसे माँ-बाप की हँसी से खिला घर दिखाया!

वहाँ अजीब सा सुकूँ दिखा,हर जगह उसे प्रेम नजर आया!

फिर उसको माँ-बाप से सुना आंगन भी दिखाया!

आगे मैं बस खामोश खड़ा था और वो मुस्कुराता है!

और स्वर्ग नर्क का भेद समझ,खुद भी हौले से मुस्कुराता है!!

# चंद अल्फाज स्नेह के

# 11. पहली भाषा

दुनिया की पहली भाषा है ये,
मां तेरा मेरे माथे को चूमना!!

# 12. तराशा गया हीरा

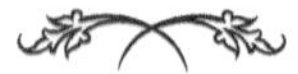

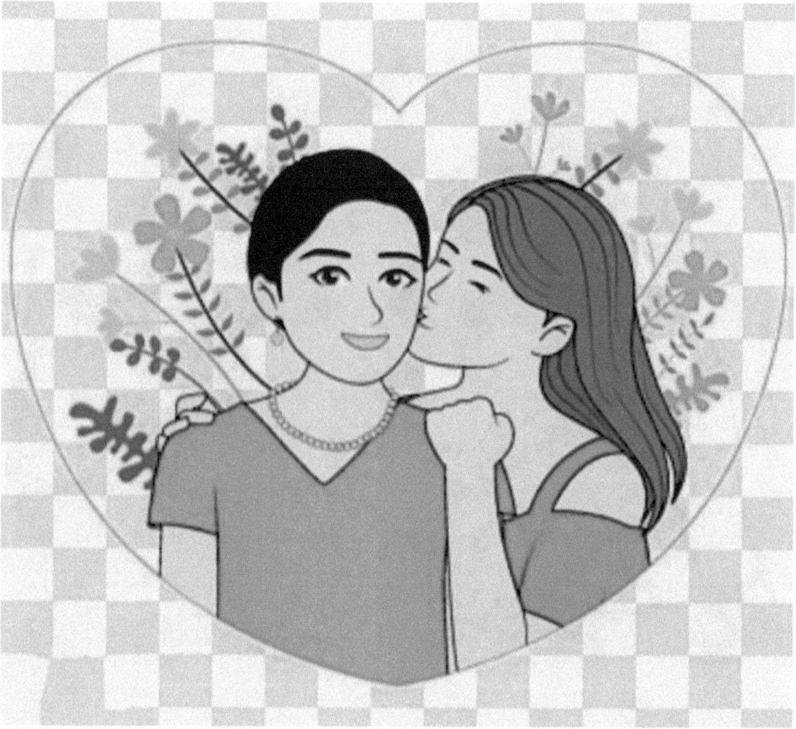

मैं वो तराशा गया हीरा हूँ...
जिसे मेरी माँ ने अपने संस्कारों की भट्टी में जलाकर अनमोल किया है!!

# 13. मेरे पिता ने

जरूरत ही नही पड़ी कभी मुझे,
मंदिर या मस्जिद में कुछ मांगने की!
मेरे पिता ने मेरे चाहने से पहले,
मेरी हर रजा पूरी की हैं!!

# 14. पिता का साथ है मुझे

उनके अक्श मे खुदा बसा है मुझमें,
उनके कदमों तले जन्नत मिली मुझे!!
ये नाम ये शौहरत सब उनकी नवाजिश है,
खुद खुदा के रूप में पिता का साथ है मुझे!!

# 15. हुनर

मुझमें कहां था भला,जमाने के साथ चलने का हुनर!
मैंने पहला कदम बढाना भी,मेरे माँ-बाप की देन है!!

# 16. साया

कौन कहता है अँधेरे में साया भी साथ छोड़ देता है!
बेटा अगर श्रवण हो तो,साया अमावस में भी दिखाई देता है!!

# 17. जतन

मेरे जीवन में कोई अभाव ना हो!
वक़्त की मार का कोई प्रभाव ना हो!
वो सब जतन माँ-बाप ने किया है,
फिर कैसे ना मन में मेरे श्रद्धा का भाव हो!!

# 18. माता का प्रेम

माता का प्रेम धरती की तरह होता है,जिसके हृदय को कितना भी
कुरेदा जाए...ममता का कोपल ही खिलता है!
और जिसको वक़्त के थपेड़ों की तरह संतान द्वारा कितना भी
परेशान किया जाए,वो हमेशा फलता-फूलता रहता है!!

# 19. चारों धाम

घूम लो जग बेशक़ सारा,चाहे तीरथ करो तमाम!
माता-पिता के चरणों मे बसे है चारों धाम!

# 20. कर्ज

कैसे चुकाओगे कर्ज,उन माता पिता का!
जिन्होंने आपकी परवरिश में अपनी ख्वाइशों को पलते देखा है!!

www.ingramcontent.com/pod-product-compliance
Lightning Source LLC
Chambersburg PA
CBHW021157130726
47988CB00004B/1657